Animales resbalosos

La sanguijuela

Lola M. Schaefer

Traducción de Patricia Cano

Heinemann Library
Chicago, Illinois

Designed by Suzanne Emerson/Heinemann Library and Ginkgo Creative, Inc.
Printed and bound in the U.S.A. by Lake Book

06 05 04 03 02
10 9 8 7 6 5 4 3 2 1

Library of Congress Cataloging-in-Publication Data
Schaefer, Lola M., 1950-
  [Leeches. Spanish]
  La sanguijuela / Lola Schaefer.
      p. cm — (Animales resbalosos)
Includes index.
Summary: Provides a basic introduction to leeches, including their habitat, diet, and physical features.
  ISBN 1-58810-766-3 (HC), 1-58810-810-4 (Pbk.)
  1. Leeches--Juvenile literature. [1.Leeches. 2. Spanish language materials.] I. Title.
  II. Series: Schaefer, Lola M., 1950-. Ooey-gooey animals. Spanish.
  QL391. A6 S3318 2002
  592'.66—dc-21

200151492

Acknowledgments
The author and publishers are grateful to the following for permission to reproduce copyright material:
Title page, pp. 9, 22 Gallo Images/Corbis; p. 4 Lester V. Bergman/Corbis; p. 5 Kevin Schafer/Corbis; p. 6 John D. Cunningham/Visuals Unlimited; p. 7 Robert Mitchell; p. 8 Glenn Oliver/Visuals Unlimited; p. 10 Bill Beatty/Visuals Unlimited; pp. 11, 13 John D. Cunningham/Visuals Unlimited; p. 12 Richard P. Smith; p. 14 David Liebman; p. 15 Dr. Darlyne Murawski/National Geographic Society; p. 16 Papilio/Corbis; p. 17 G. C. Lockwood/Bruce Coleman Inc.; pp. 18, 19 Jane Burton/Bruce Coleman Inc.; p. 20 R. Calentine/Visuals Unlimited; p. 21 Visuals Unlimited

Cover photograph courtesy of John D. Cunningham/Visuals Unlimited

Every effort has been made to contact copyright holders of any material reproduced in this book. Any omissions will be rectified in subsequent printings if notice is given to the publisher.

Special thanks to our bilingual advisory panel for their help in the preparation of this book:
Aurora García
Literacy Specialist
Northside Independent School District
San Antonio, TX

Argentina Palacios
Docent
Bronx Zoo
New York, NY

Ursula Sexton
Researcher, WestEd
San Ramon, CA

Laura Tapia
Reading Specialist
Emiliano Zapata Academy
Chicago, IL

Unas palabras están en negrita, **así.**
Las encontrarás en el glosario en fotos de la página 23.

Contenido

¿Qué es la sanguijuela?

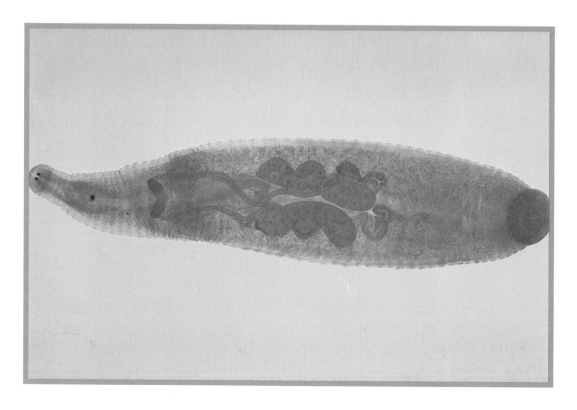

La sanguijuela es un animal sin huesos.

Es un **invertebrado**.

La mayoría de las sanguijuelas
son cortas y delgadas.

¿Dónde vive la sanguijuela?

La mayoría de las sanguijuelas viven en lagos y charcas.

Unas viven en el mar.

La sanguijuela de tierra vive
en plantas.

Vive en lugares calientes
y húmedos.

¿Cómo es la sanguijuela?

La sanguijuela parece una lombriz plana.

Puede ser de color tostado, negro o rojo.

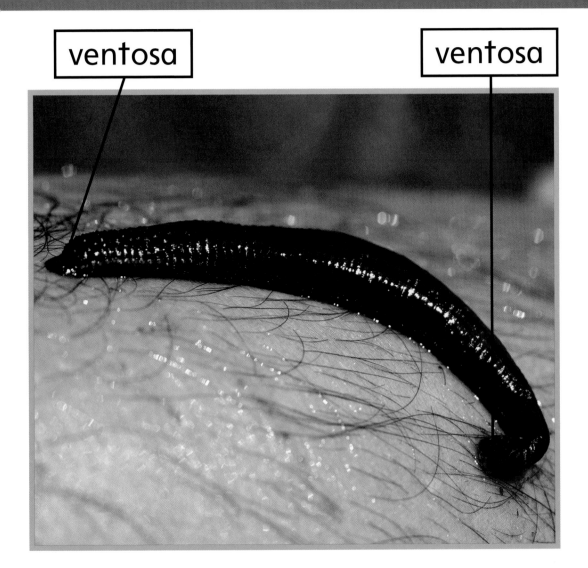

ventosa

ventosa

La sanguijuela tiene una **ventosa** en cada extremo del cuerpo.

Las ventosas le sirven para agarrarse.

¿Cómo es la textura de la sanguijuela?

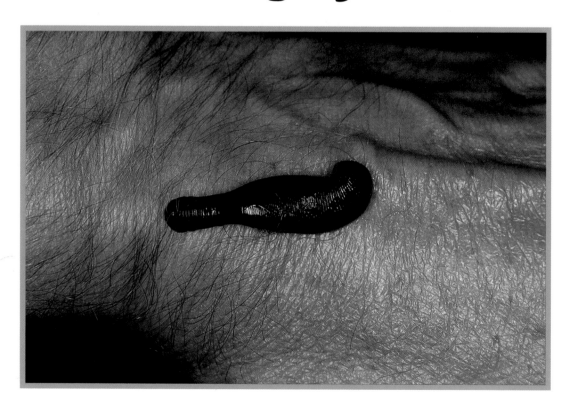

La sanguijuela es resbalosa.

Tiene el cuerpo liso y cubierto de **mucosa**.

mucosa

La mucosa evita que se seque.

¿De qué tamaño es la sanguijuela?

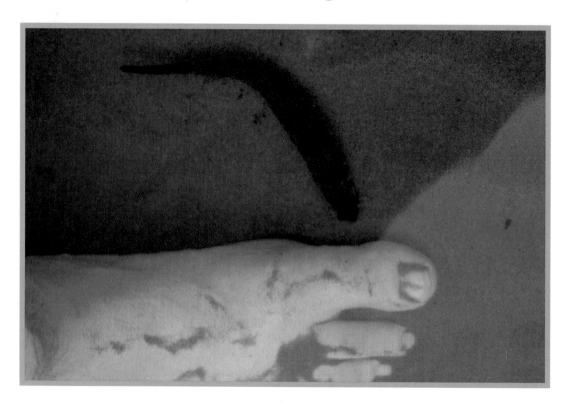

La sanguijuela puede ser tan corta como una pestaña.

Puede ser casi tan larga como el pie de un hombre.

Antes de comer, la sanguijuela
es del grueso de tu dedito.

Después de comer, ¡es mucho
más gruesa!

¿Cómo se mueve la sanguijuela?

En el agua, la sanguijuela nada.

Mueve el cuerpo de lado a lado.

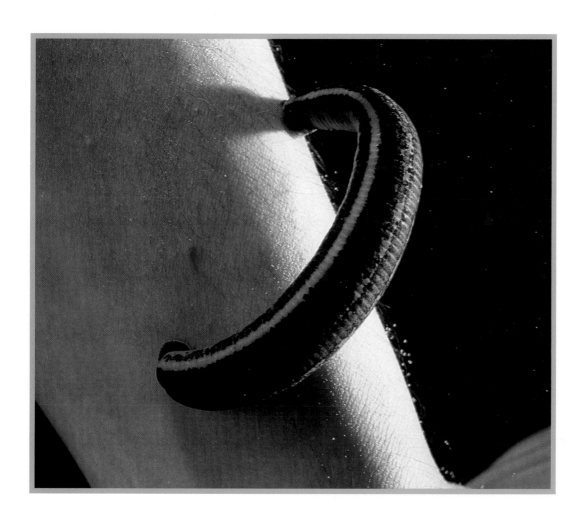

En la tierra, la sanguijuela primero pega una ventosa.

Después mueve el resto del cuerpo.

¿Qué come la sanguijuela?

lombriz

Muchas sanguijuelas comen animales pequeños.

Comen lombrices, babosas e insectos.

sanguijuelas

La sanguijuela de tierra pica
animales más grandes.

Les chupa sangre para alimentarse.

¿Qué hace la sanguijuela?

pez | ventosa

La sanguijuela espera a que se acerque un animal.

Lo pica y le chupa sangre.

Cuando acaba de comer, se suelta.

¿Cómo se reproduce la sanguijuela?

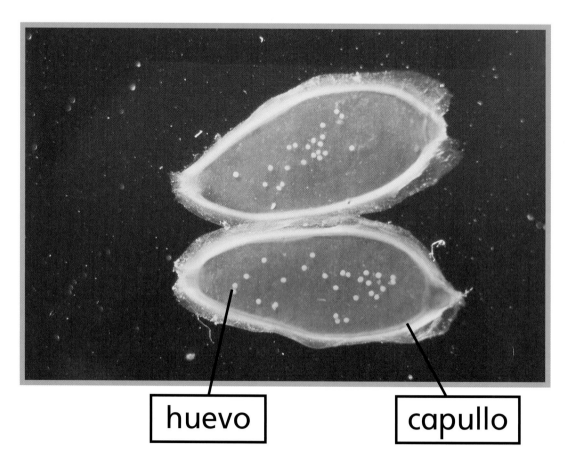

huevo

capullo

Todas las sanguijuelas adultas ponen huevos en un **capullo**.

La sanguijuela de agua pone los capullos en plantas o rocas.

La sanguijuela de tierra pone los capullos en suelo húmedo.

De los huevos salen las crías.

Prueba

¿Qué son estas partes?

Búscalas en el libro.

Busca las respuestas en la página 24.

?

?

?

Glosario en fotos

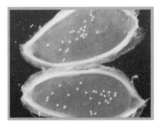

capullo
páginas 20, 21

invertebrado
página 4

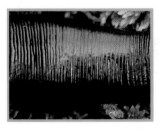

mucosa
páginas 10, 11

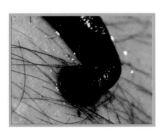

ventosa
páginas 9, 15, 18

Nota a padres y maestros

Leer para buscar información es un aspecto importante del desarrollo de la lectoescritura. El aprendizaje empieza con una pregunta. Si usted alienta las preguntas de los niños sobre el mundo que los rodea, los ayudará a verse como investigadores. Cada capítulo de este libro empieza con una pregunta. Leanla pregunta juntos, miren las fotos y traten de contestar la pregunta. Después, lean y comprueben si sus predicciones son correctas. Piensen en otras preguntas sobre el tema y comenten dónde pueden buscar la respuesta.

 PRECAUCIÓN: Recuérdeles a los niños que no deben tocar animales silvestres. Recuerde a los niños que deben lavarse las manos después de tocar cualquier animal.

Índice

Respuestas de la página 22

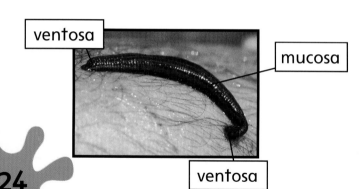

ventosa

mucosa

ventosa